LOS HURACANES

El poder de la Tierra

David y Patricia Armentrout

Rourke
Educational Media

rourkeeducationalmedia.com

www.rourkeeducationalmedia.com

PHOTO CREDITS: Cover, pg 7 ©Photodisc, Inc.; Title pg, pgs 12, 23 courtesy of the USCG; Pg 5 ©Megan Williamson; Pg 9 ©Fred Green; Pg 10 inset courtesy of NASA; Pgs 7 inset, 10, 14, 14 inset, 26 courtesy of NOAA/Department of Commerce; Pgs 13, 18 inset courtesy of the Department of Defense; Pg 17 inset courtesy of the Library of Congress; Pgs 17, 18, 21, 21 inset, 22, 24, 25, 28, 29 courtesy of FEMA

Title page: Hurricanes have strong winds that cause high and dangerous seas.

Editor: Robert Stengard-Olliges
Cover and page design by Nicola Stratford
Translation by Dr. Arnhilda Badía

Armentrout, David and Patricia
Los huracanes / David and Patricia Armentrout
ISBN 978-1-62717-395-7 (soft cover - Spanish)
ISBN 978-1-62717-469-5 (e-Book - Spanish)
ISBN 978-1-60044-232-2 (hard cover - English) (alk. paper)
ISBN 978-1-60694-918-4 (soft cover - English)
ISBN 978-1-61236-323-3 (e-Book - English)

Also Available as:

ROURKE'S e-Books

Printed in China, FOFO I - Production Company
Shenzhen, Guangdong Province

Rourke
Educational Media

rourkeeducationalmedia.com

customerservice@rourkeeducationalmedia.com • PO Box 643328 Vero Beach, Florida 32964

CONTENIDO

TEMPORADA DE HURACANES

Para muchas personas, la temporada de verano es un tiempo para celebrar. El aire es cálido, los días son largos y es un tiempo perfecto para jugar en las olas del mar. Pero el verano puede causar que algunas personas se sientan inseguras, especialmente aquellas que viven a lo largo de la costa. ¿Por qué? El verano es una temporada de huracanes.

El huracán es un enorme ciclón **tropical**. Ciclón es el término que usan los **meteorólogos** para describir una tormenta de vientos en rotación.

El término *huracán* es específico para las tormentas que se forman en el Océano Atlántico Norte, el Océano Pacífico del Nordeste y el Océano Pacífico del Sudeste. El término *ciclón tropical* se usa para denominar las tormentas en el Océano Índico, mientras que el término *tifón* describe las tormentas en el Océano Pacífico del Noroeste.

Las aguas oceánicas cálidas atraen a los turistas,

pero también pueden alimentar huracanes.

Las tormentas suelen formarse a partir de cúmulos

de nubes densas y altas.

Los huracanes se desarrollan a partir de tormentas tropicales fuertes.

NACIDO EN EL TRÓPICO

Un huracán no comienza como una tormenta monstruosa; se forma de una perturbación tropical—un gran área de tormentas organizadas. Una perturbación tropical puede convertirse en una **depresión** tropical o un área de bajas presiones con vientos en circulación de más de 38 millas (61 km) por hora.

Una depresión tropical se forma cuando el agua cálida del océano calienta el aire húmedo por encima de ella y hace que el aire se eleve. El aire denso y frío avanza y reemplaza el aire caliente.

TEMPORADA DE HURACANES

La temporada de huracanes para el Océano Atlántico, el Golfo de México y el Mar Caribe va desde el primero de junio hasta el 30 de noviembre.
En ocasiones, los huracanes ocurren fuera de las fechas oficiales pero la mayoría se forma entre mediados de agosto y finales de octubre.

Una depresión tropical se convierte en tormenta tropical cuando sus vientos alcanzan las 39 millas (62 km) por hora. Es entonces cuando se le da un nombre a la tormenta. Ponerle nombre a las tormentas hace más fácil comunicar información entre los meteorólogos y el público, especialmente cuando un área es amenazada al mismo tiempo por más de una tormenta.

Una palmera se dobla frente a los fuertes vientos tropicales.

Un ciclón tropical en el hemisferio norte gira en sentido contrario a las manecillas del reloj —sentido antihorario—, hacia la izquierda.

Un ciclón tropical en el hemisferio sur gira en el sentido de las manecillas del reloj —sentido horario—, hacia la derecha.

EL EFECTO CORIOLIS

¿Sabías que los ciclones tropicales en el hemisferio norte giran en sentido contrario a las manecillas del reloj, o sea, a la izquierda, pero giran en dirección contraria en el hemisferio sur? Esto es debido a que la rotación de la Tierra tiene un efecto sobre la presión del aire y el viento. Este efecto es llamado **Coriolis.**

El efecto Coriolis es mayor en los polos y es de cero en el ecuador. Sin el efecto Coriolis, los ciclones no podrían formarse.

El huracán: de mayor intensidad

El "huracán de mayor intensidad" arrasó las Antillas Menores en el Mar Caribe. La poderosa tormenta arrasó con aproximadamente 22 mil vidas, más que cualquier otro huracán del Atlántico.

LA FUERZA DEL HURACÁN

Cuando una tormenta tropical alcanza las 74 millas (119 km) por hora, se convierte en huracán. Si un huracán viaja lejos de aguas cálidas o sobre tierra, pierde energía y eventualmente se debilita y muere.

El Servicio Nacional del Tiempo de Estados Unidos tiene una lista de nombres de tormentas que recicla cada seis años. Si un país es golpeado por un huracán severo, puede solicitar que el nombre sea retirado de la lista. Los huracanes fueron nombrados por primera vez en 1950. Entre ese año y el 2013 habían sido retirados 77 nombres de huracanes.

Una plataforma de petróleo se inclina hacia un lado después de que el huracán Dennis se trasladara a través del Golfo de México.

12

LOS HURACANES NECESITAN CONDICIONES ESPECÍFICAS PARA FORMARSE.

- Una perturbación tropical
- Estar a una distancia de al menos 300 millas (483 km) del ecuador
- La temperatura del agua oceánica debe ser al menos de 80 grados F (26.7 grados C)
- Aire húmedo
- Pequeños cambios en la dirección del viento en todos los niveles de la atmósfera.

Los vientos huracanados golpean los escombros y los llevan por los aires con increíble fuerza.

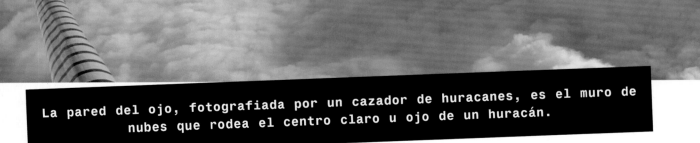

La pared del ojo, fotografiada por un cazador de huracanes, es el muro de nubes que rodea el centro claro u ojo de un huracán.

LAS PARTES DEL HURACAN

El huracán está formado por tres partes principales: El ojo, la pared del ojo y las bandas nubosas o de lluvia.

El ojo es el centro claro del huracán y es bastante tranquilo. La pared del ojo es una columna de nubes que rodean el ojo del huracán. En ésta se encuentran los vientos **sostenidos** de más alta velocidad del huracán.

Algunas veces la pared del ojo se volverá muy pequeña, permitiendo que las bandas de lluvia exteriores formen una segunda pared del ojo. Esto se conoce como un ciclo de **pared del ojo concéntrica**. Normalmente esto sucede cuando una pared se debilita. Sin embargo, una segunda pared del ojo puede robar la energía de la primera y eventualmente reemplazarla, permitiendo al huracán recuperar su fuerza.

Las bandas de lluvia del huracán consisten en tormentas en espiral. Estas producen intensas lluvias y fuertes vientos que suelen generar tornados. Las bandas de lluvias pueden extenderse 300 millas (483 km) desde el ojo.

Los meteorólogos utilizan un sistema de clasificación de huracanes llamada Escala Saffir-Simpson. Esta escala utiliza la velocidad del viento para describir la intensidad de la tormenta y ayudar a estimar daños potenciales.

ESCALA SAFFIR-SIMPSON

◎ Huracán de Categoría Uno: vientos de 74-95 mph (119-153 km/hr)

◎ Huracán de Categoría Dos: vientos de 96-110 mph (154-177 km/hr)

◎ Huracán de Categoría Tres: vientos de 111-130 mph (178-209 km/hr)

◎ Huracán de Categoría Cuatro: vientos de 131-155 mph (210-249 km/hr)

◎ Huracán de Categoría Cinco: vientos mayores de 155 mph (mayores de 240 km/hr)

Una casa quedó situada sobre los escombros trasladados por el huracán de Galveston de 1900.

Un huracán de Categoría Cuatro deja una estela de destrucción tan lejos como la vista puede alcanzar.

Los huracanes frecuentemente inundan áreas, dejando a los sobrevivientes atrapados y necesitados de ser rescatados.

La marejada del huracán Iván dejó enormes cantidades de arena y escombros en esta casa de la Florida.

VIVIR EN ZONAS DE PELIGRO

Cada año más personas se mudan cerca de las costas. Se sienten atraídas por las temperaturas cálidas, las bellas playas y, por supuesto, el océano. Desafortunadamente, esto significa que muchas personas están viviendo actualmente en zonas de peligro de huracanes.

Los huracanes traen fuertes lluvias que inundan las zonas bajas. Traen fuertes vientos que arrancan los árboles y dañan los edificios. También producen una **marejada**–una enorme pared de agua del océano causada por el viento. Cuando el huracán **toca tierra**, la marejada se traslada al interior, llevando grandes cantidades de arena y escombros. Un fuerte huracán puede redefinir las costas y dejar una total destrucción a su paso.

Los centros de predicción de huracanes existen para emitir avisos de vigilancia y advertencia y proporcionar información sobre la preparación para huracanes. Las personas que viven en zonas de peligro pueden aprender cómo asegurar sus casas, armar un equipo de suministros para casos de desastres, y conocer cómo y adónde **evacuar** si fuera necesario.

Los refugios de evacuación están localizados lejos de las costas. Pueden estar en iglesias, escuelas, o salas de gran capacidad. Durante el huracán Katrina en el 2005, el Centro de Convención de Nueva Orleans y el Superdomo de Luisiana se convirtieron en centros de evacuación o refugios de emergencia para miles de personas desplazadas por la tormenta.

Los residentes de Nueva Orleans buscan refugios de emergencia antes de que toque tierra el huracán Katrina.

Los barrios de Biloxi, Missisipi sufrieron extensos daños por el huracán Katrina.

HURACÁN KATRINA 2005

Katrina se formó cerca de las Bahamas y en dos días ganó fuerza de huracán y tocó tierra en el sur de la Florida. Katrina se trasladó al Golfo de México en donde se intensificó a huracán de Categoría Cinco. Katrina tocó tierra por segunda vez en Luisiana con Categoría Tres y luego cruzó Breton Sound, tocando tierra finalmente en Misisipi.

Dos barcos quedan varados después de que Katrina arrasó en Luisiana.

Katrina provocó una cantidad enorme de daños a la ciudad de Nueva Orleans. Los fuertes vientos de Katrina y las marejadas abrieron una **brecha** en los **diques** que separan el Lago Pontchartrain de la ciudad. Después de que la tormenta pasó, el 80% de Nueva Orleans estaba inundada. Katrina causó daños catastróficos a Luisiana, Misisipi y Alabama y mató a más de 1300 personas. Fue el desastre natural más costoso que ha golpeado a Estados Unidos, ya que los daños estimados resultaron en más de 100 billones de dólares.

Un sobreviviente del sacada de un área inundada.

Nueva Orleans permaneció inundada durante semanas después del huracán Katrina.

Dos aviones de la NOAA recogen datos sobre el tiempo con los radares y sensores a bordo.

CAZADORES DE HURACANES

¿Te imaginas volando en un aeroplano hacia el interior de algunas de las peores tormentas que la Madre Naturaleza crea?

Esto es lo que los cazadores de huracanes hacen. La Fuerza Aérea de los Estados Unidos y la Administración Atmosférica y Oceánica Nacional (NOAA) operan equipos de cazadores de huracanes. Su trabajo es volar hacia el interior de las tormentas tropicales. Los instrumentos a bordo de aviones especiales, realizan mediciones y registros de velocidad del viento y de la presión del aire. Los meteorólogos utilizan esos datos para crear modelos de pronóstico más precisos.

1969 — Huracán Camille:

Camille fue el segundo huracán más intenso que golpeó a Estados Unidos. Camille golpeó cerca de la desembocadura del rio Mississippi. Los vientos fueron estimados en casi 200 millas por hora. Los vientos y las poderosas marejadas hicieron al rio Misisipi retroceder a una distancia de 125 millas del río.

Aún con una información detallada recopilada por los cazadores de huracanes, los meteorólogos no pueden precisar dónde un huracán va a golpear. Los huracanes son fuerzas de la naturaleza, imprevisibles e imparables. Sin embargo, con los avanzados sistemas de computación, los satélites y el radar, los meteorólogos pueden pronosticar mejor la trayectoria de los huracanes. Al mejorar los pronósticos, las personas tienen más tiempo de salir de los lugares amenazados por el rumbo peligroso del huracán.

La trayectoria del huracán Iván es seguida muy de cerca por el Centro Nacional de Huracanes en Miami.

1992 —Huracán Andrew:

Después de pasar sobre las Bahamas, Andrew tocó tierra al sur de Miami como un huracán de Categoría Cinco. Causó daños por valor de 45 billones de dólares y dejó un estimado de 7,500 personas sin hogar en Homestead, Florida.

El huracán Andrew fue uno de los huracanes más destructivos que golpeó a Estados Unidos.

GLOSARIO

brecha: abertura o grieta que se hace en una pared o muro

depresión: en el clima, es un área de bajas presiones compuesta por vientos caliente y húmedo

dique: muro grueso que se construye para contener las aguas y evitar las inundaciones

efecto Coriolis: el efecto de la rotación de la Tierra sobre el viento, causando que siga una trayectoria curva.

evacuar: salir de un lugar peligroso

marejada: la subida del nivel del mar que un huracán u otra tormenta produce. Se calcula restando el nivel normal de la marea alta del nivel que alcanza la marejada

meteorólogos: personas que estudian la atmósfera, en la que se producen las condiciones climáticas

pared del ojo concéntrica: cuando hay dos paredes del ojo del huracán al mismo tiempo

sostenidos: que se mantienen los vientos por un periodo de tiempo sin interrupciones o debilitamiento.

toca tierra: cuando el ojo del huracán cruza tierra por primera vez

tropical: relativo a los trópicos, que es el área entre el Trópico de Cáncer (23 ½ grados al norte del ecuador) y el Trópico de Capricornio (23 ½ grados al sur del ecuador)

LECTURAS ADICIONALES

Chambers, Catherine. *Hurricanes.* Heinemann Library, 2001.
Rotter, Charles. *Hurricanes.* Creative Education, 2003.
Demarest, Chris. *Hurricane Hunters! Riders on the Storm.*
    Margaret K. McElderry, 2006.

PÁGINAS WEB PARA VISITAR

National Hurricane Center
www.nhc.noaa.gov

National Weather Service
www.nws.noaa.gov

FEMA For Kids
www.fwma.gov/kids/hurr.htm

Hurricane Hunters
www.hurricanehunters.com

ÍNDICE

ACERCA DE LOS AUTORES

David y Patricia Armentrout han escrito muchos libros de no ficción para jóvenes lectores. Ellos han publicado numerosos libros para lectura en escuelas primarias. La familia Armentrout vive en Cincinnati, Ohio, con sus dos hijos.